Sex über 50

Ein Fröhliches Mini-Buch,
das Ihnen Antworten auf alle Fragen gibt,
die Sie immer schon einmal stellen wollten.
Auch für Neueinsteiger geeignet.

Von Susanne Bihr
mit Cartoons von André Sedlaczek

Inhalt

ISBN(10) 3-8231-0670-8
ISBN(13) 978-3-8231-0670-8

Überarbeitete Auflage

© 2006 Tomus Verlag GmbH, München

www.tomus.de

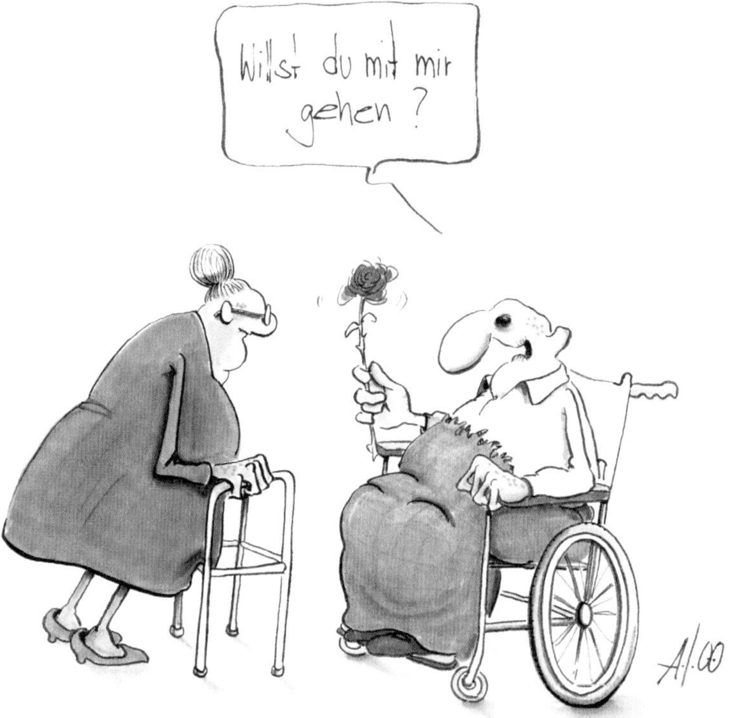
Willst du mit mir gehen ?
A.I.00

Kaffeeklatsch

Um sich endlich mal wieder mit jemandem zu unterhalten, der sie wirklich versteht, trifft sich Elfriede Jungblut mit ihrer etwa gleichaltrigen Freundin Roswitha in einem Café. Beide Frauen sind Anfang 50, jung geblieben und noch immer attraktiv. Natürlich ist die Zeit auch an ihnen nicht spurlos vorübergegangen. Aber sie haben das Beste daraus gemacht und verbergen geschickt, dass auch sie der Schwerkraft unterworfen sind. Selbstverständlich nutzen beide ausgiebig die Möglichkeiten der Kosmetikindustrie. Und auch die Modebranche verdient nicht schlecht an Roswitha und Elfriede.

Nachdem die Kellnerin die Bestellung gebracht hat, beugt sich Elfriede vor und tuschelt: „Gestern war es mal wieder soweit! Stell dir vor, Ernst wollte wieder mal mit mir schlafen!"

„Und?" Neugierig lässt Roswitha die Kuchengabel sinken.

Elfriede seufzt. „Eigentlich hätte ich ja schon Lust gehabt. Wenn er nur nicht immer mit der gleichen Masche käme! ‚Schatz, ich fühl mich heut' so fit. Wie wär's mit ein bisschen Matratzensport?' Das ist sein Standardsatz!"

„Ha! Das kenn ich!" Roswitha schnauft verächtlich. „Da kann es einem wirklich vergehen! Meiner sagt immer: ‚Lass uns die

Kernfedern testen!'– Ich bekomm dann meistens meine Migräne! Naja, für irgendwas müssen die Wechseljahre ja gut sein. Und wenn's nur für 'ne faule Ausrede is'!"

„Der Spruch alleine ist es ja noch nicht mal." Nachdenklich rührt Elfriede in ihrem Kaffee. „Was mich wirklich nervt, ist seine Fantasielosigkeit. Immer dasselbe! Und wenn ich mal was Neues vorschlage, weiß ich auch schon genau, was kommt! – ‚Lieber nicht, Schatz! Meine Gelenke haben neulich so komisch geknackt. Das hat sich gar nicht gut angehört. Ich glaub, ich hab mir da 'nen Wirbel ausgerenkt!' – Dabei sagt er sonst immer, er sei für alles offen."

„Das heißt noch gar nichts. Meiner behauptet auch immer, er sei für alles offen. Aber das einzige, wofür der sich öffnet, ist sein Bier am Feierabend. Damit muss man sich abfinden. Männer in dem Alter sind einfach nicht mehr flexibel. Da sind wir Frauen anders. Wenn du neue Sachen ausprobieren willst, musst du dir eben 'nen jüngeren Mann suchen. Jüngere Männer", Roswitha gerät ins Schwärmen und bekommt ganz glänzende Augen, „sind einfach viel kreativer. Das ist genau das Richtige. Glaub mir, Elfriede, das musst du erlebt haben!"

„Ach, mit seinem Alter hatte ich eigentlich nie Probleme. Obwohl er ja jetzt auch immer mehr Haare verliert. Aber von

wegen: Männer mit Glatze sind besonders potent! Inzwischen machen wir bestenfalls noch monatliche Pflichtübungen. Ich kann schon fast meine Uhr danach stellen! Und wenn ich dann nach zwei Wochen wieder Lust habe, schaut er mich an, als sei ich sexbesessen. Ich bitte dich! Nach zwei Wochen!"

Roswitha nickt verständnisvoll. „Das Gefühl kenn ich. Mein Mann versucht mir dann immer zu erzählen, dass wir doch schließlich über das Alter hinaus seien! Für uns würden andere Dinge zählen! Ich weiß schon, was er meint", sagt Roswitha bissig. „In der Jogginghose auf der Fernsehcouch sitzen, 'ne Tüte Chips knabbern und Fußball gucken! Aber für mich ist das nicht abendfüllend."

Wütend stochert Elfriede in ihrem Kuchen. „Bei Ernst ist es ähnlich. Er benimmt sich jetzt schon, als sei er im Ruhestand. Dabei ist er doch erst 55."

Kichernd meint Roswitha: „Na, das gibt dem Wort ‚Vorruhestand' doch wirklich 'ne ganz neue Bedeutung."

„Also, den Ruhestand muss er sich erst noch verdienen!", antwortet Elfriede. „Vor ein paar Monaten hab ich ihn mal gebeten doch etwas mehr Fantasie zu entwickeln! Weißt du, was er da gemacht hat? Als wir ein paar Wochen später endlich einmal wieder wollten, stand er doch tatsächlich auf einmal vor mir und hatte sich ein Kondom mit Teufelskopf übergezogen!" Beide prusten los.

„Und? Was hast du gemacht?" Roswitha kann sich kaum halten vor Lachen.

„Ich war so überrascht, dass ich laut losgelacht habe." Elfriedes Grinsen wird immer breiter. „Damit war die Stimmung natürlich hin und der Abend war gelaufen. Und er war zu Tode beleidigt, dass ich seine Kreativität einfach nicht zu schätzen wusste. Wo er sich doch so viel Mühe gegeben hatte, wieder mehr Schwung in unser Liebesleben zu bringen und mal was Neues auszuprobieren! Dass ich nicht lache!"

Roswitha kann nur noch den Kopf schütteln. „Männer haben manchmal wirklich merkwürdige Vorstellungen."

„Na, und gestern kam ich mir dann wieder vor, als wäre ich gerade mal zwanzig." Elfriede verzieht das Gesicht zu einem schiefen Grinsen. „Das war vielleicht ein Gefühl!"

Roswitha schaut überrascht. In ihren Augen stehen Fragezeichen. „Ach? War es so gut?", fragt sie neidisch.

„Nein, wo denkst du hin. Nicht, weil wir so tollen Sex hatten." Elfriede lacht kurz auf. „Im Gegenteil! Er hat sich doch tatsächlich genauso dumm angestellt wie beim ersten Mal. Damals hat er meinen Büstenhalter auch einfach nicht aufgekriegt. Und ich hab ihm wieder 'nen Orgasmus vorgespielt. – Wie in alten Zeiten!"

„Dein Ernst unternimmt wenigstens noch hin und wieder einen Versuch. Bei uns herrscht schon lange tote Hose."

„Und seit mein Mann ein Bruchband tragen muss, hat er sowieso die beste Ausrede überhaupt gefunden, sich endlich ganz aus dem Verkehr zu ziehen."

„Sex ist bei uns auch eher die Ausnahme." Elfriede seufzt tief auf. „Meistens fällt er ins Bett wie ein Stein, behält seine Socken an und beginnt dann zu schnarchen, dass sich die Balken biegen. Und wenn ich mich wage zu beklagen, sagt er doch glatt: ‚Sei doch froh, dass ich schnarche, dann weißt du wenigstens, dass ich zu Hause bin.'"

Sie prosten sich tröstend zu und nehmen beide einen Schluck. Dann zuckt Roswitha mit den Schultern. „Na ja! Was willst du machen? Das ist eben einfach typisch Mann!"

Männergespräche

Trotz seiner Mitte 50 hat sich Ernst Jungblut – Elfriedes Ehemann – noch ganz gut gehalten. Zwar beginnt sein Haar sich

immer schneller zu lichten und auch seine Silhouette wird immer breiter, aber alles in allem ist er noch immer ein gut aussehender Mann in den besten Jahren. Ein paar Falten machen einen richtigen Mann doch nur noch interessanter. Und schließlich wird ja auch Wein erst dann wirklich gut, wenn er eine gewisse Reife hat. – So findet jedenfalls Ernst.

Nach einem anstrengenden Arbeitstag betritt Ernst die Eckkneipe in seiner Nachbarschaft. Am Tresen begrüßt ihn sein Kumpel Ludwig: „Servus, Ernst. Na, auf dem Weg nach Hause?"

„Ja! Aber zur Stärkung brauch ich erst mal 'n Bierchen."

„Verstehe!" meint Ludwig süffisant. „Du stimmst dich schon mal so richtig auf 'ne heiße Nacht ein."

„Nee, nee. Das hatten wir erst gestern." Ernst grinst. „Da herrscht bei uns die nächsten Wochen Funkstille. Is' mir ganz recht. Brauch ich mir wenigstens erst mal keine Ausreden mehr einfallen lassen. Das wird ja auch immer schwieriger. Frauen haben's da leichter. Die kriegen einfach ihre Migräne und das war's dann."

„Sag doch das nächste Mal, du hast Ärger im Büro und brauchst Zärtlichkeit und Verständnis. Das zieht immer. Auf sowas stehen sie. Da kriegen sie Mitleid, fangen an, dich zu bemuttern – und kein Gedanke mehr an Leidenschaft und Sex! Musst du mal ausprobieren!" Ludwig nippt wissend an seinem Bier.

„Früher hab ich immer behauptet, ich hätte 'ne Kondom-allergie. Stell dir das mal vor!" Ernst und Ludwig brechen in schallendes Gelächter aus. „Aber seit sie in den Wechseljahren ist, zieht das einfach nicht mehr."

Ludwig stöhnt genervt auf. „Die Wechseljahre! Hör bloß auf! Da kann ich 'n Lied von singen. Hitzewallungen, Kreislauf-probleme! Und diese Launen! Erst hat sie Kopfschmerzen und dann will sie auf einmal wieder! Da versteh' einer die Frauen."

Die beiden prosten sich zu. Sie sind sich einig. Man kann Frauen einfach nicht verstehen. Wenn sogar sie als Männer von Welt und mit Erfahrung nicht mehr weiter wissen ....

„Ich weiß genau, was du meinst!" sagt Ernst mit Grabes-stimme. „Neulich hat Elfriede mich doch tatsächlich im Kauf-haus gefragt, ob wir uns nicht einfach für 'ne schnelle Num-mer in die Umkleidekabine verdrücken wollen!! Dabei weiß sie doch ganz genau, dass ich Probleme mit dem Rücken habe. Bin ja schließlich keine zwanzig mehr!"

„Da kennen die nichts!" gibt Ludwig leidgeprüft zurück. „Meine Frau ist mindestens genauso rücksichtslos. Vergangene

Manche Dinge ändern sich nie.

Woche erst hab ich mit ihr geschlafen und keine vier Tage später wollte sie schon wieder." Er bestellt sich noch ein Bier und beugt sich vertraulich zu Ernst herüber. „Es ist nicht zu fassen, sowas darf man erst gar nicht einreißen lassen!"

„Richtig!" Ernst nimmt einen großen Schluck. „Ich hab dann gesagt, das sei mir zu unromantisch! Mir fiel auf die Schnelle einfach nichts Besseres ein. Da wurde sie richtig sauer und hat mich doch tatsächlich gefragt, was denn Sex mit Romantik zu tun hätte!" Nachdenklich schaut er in sein Glas und fügt schwermütig hinzu: „Und seit einiger Zeit fordert sie auch noch, ich solle mir was Neues einfallen lassen! Mehr Fantasie entwickeln! Was erwartet sie? Soll ich mich vielleicht am Kronleuchter durchs Schlafzimmer schwingen? Über solche Spielchen sind wir doch wirklich schon lange hinaus!"

„Recht hast du. Meine Frau kommt neuerdings auch auf ganz merkwürdige Ideen. Erst gestern hat sie mich gefragt, was ich denn vom Kamasutra halte. Kamasutra! Ich bitte dich!" Ludwigs Stimme klingt zutiefst empört! „Ich bin doch kein Artist! Und das mir! Mit meinem Gelenkrheuma! Das is' doch wirklich das Letzte!"

„Stimmt! Aber was willst du machen. Wenn sich Frauen mal was in den Kopf gesetzt haben, hast du keine Chance!" Ernst zuckt resigniert mit den Schultern. „Also hab ich gedacht, Ernst, lass dir was einfallen und hab mir aus 'nem Sex-Shop ein paar besondere Sachen besorgt."

„Ehrlich?" Ludwig bekommt große Augen. „Ja. War aber 'n Reinfall." Schweigend leert Ernst sein Bier in einem Zug und bestellt sich ein neues. „Für den Anfang hab ich mir erst mal so 'n spezielles Kondom übergezogen. Angeblich besonders lustfördernd."

„Und? Los, erzähl schon!", drängt Ludwig. „Lass dir doch nicht alles so aus der Nase ziehen. Wie war's?"

„Nichts war!" In Erinnerung an diese Nacht wird Ernst wieder richtig sauer. „Sie hat gelacht! GELACHT!!! Kannst du das verstehen? Und dann ist sie auch noch pampig geworden. Hat sich über meine mangelnde Kreativität beklagt! Kreativität! Ich bin doch kein verdammter Künstler. Jedenfalls hatte ich dann natürlich auch keine Lust mehr. Kannst du dir ja vorstellen!" Ernst klingt deprimiert.

„Klar! Frechheit, so was!" Ludwig ist die Empörung deutlich anzumerken. „Da strengt man sich wirklich an – und dann das! Aber ich sag's ja immer: Wie man's macht, ist es falsch!" Er schüttelt den Kopf. „Mir geht's auch nicht besser", meint er tröstend. „Als ich letztens auf Kur war, hab ich mir 'nen Kur-

schatten zugelegt. Ich hab mir gedacht, die Frau ist auf meiner Wellenlänge. Die ist auch zur Erholung da, das wird bestimmt stressfrei. Von wegen! Die war noch anstrengender als meine Frau! Die wollte was erleben, richtig was geboten bekommen! Ich hab' die Sache schon am ersten Abend gleich wieder beendet. Für so 'ne Hektik bin ich einfach nicht der Typ."

„Versteh ich gut", brummt Ernst. „Es ist ja nicht so, dass ich keine Lust mehr hätte. Aber spontaner Sex ist in unserem Alter eben einfach nicht mehr drin. Denk doch nur mal an die ganzen äußeren Umstände", redet er sich in Rage. „Es war ja schon früher kompliziert genug, nur diese BH-Verschlüsse zu öffnen. Und heutzutage ... Gestern hab ich über 'ne halbe Stunde gebraucht, allein um die ganzen Haken von ihrem Korsett aufzukriegen. Ganz zu schweigen von allem anderen!"

Ludwig nickt verständnisvoll. „Geht mir ähnlich! Bis sie sich aus ihren Stützstrümpfen geschält hat, bin ich längst eingeschlafen ... Und dann macht sie mir am nächsten Morgen wieder Vorwürfe. Behauptet, sie sei mir egal und ich würde mich überhaupt nicht für sie und ihre Bedürfnisse interessieren. Ich weiß gar nicht, was sie hat! Wenn ich mich nich' drum kümmern würde, würden wir überhaupt nicht mehr miteinander schlafen."

„Genau! Warum muss die Initiative eigentlich immer von uns Männern ausgehen?" Verärgert haut Ernst mit der Faust auf den Tisch. „Aber wenn ich mal in die Richtung was zu ihr sage, meint sie nur, ich würde mich dabei ja wohl nicht gerade überanstrengen."

Ludwig grunzt zustimmend: „Und dabei kann doch wirklich keiner behaupten, dass wir uns nicht richtig Mühe geben! Aber ich sag's ja immer – Weiber!"

Die rote Liste

Auch in Ihrem Alter gibt es einiges, das Sie unbedingt unterlassen sollten. Diese Liste enthält eine Auswahl von Dingen, die Sie besser vermeiden.

– Versuchen Sie nicht, sich jünger zu machen, als Sie sind!
  Dass Sie 45 sind, werden Ihnen die wenigsten glauben.
  Und das Argument: „Ich meinte doch, ich bin '45 geboren",
  wirkt im Nachhinein einfach nur lächerlich.

Während man in der Jugend schon mit Kleinigkeiten die sexuelle Aufmerksamkeit auf sich ziehen kann...

...muss man sich im reifen Alter schon etwas einfallen lassen!

– Stehen Sie zu Ihrer Glatze. Schließlich ist sie ein Zeichen von großer Potenz.
Und egal, wie geschickt Sie Ihre restlichen Haare über Ihre Glatze gekämmt haben ... Besonders bei erhitzenden und schweißtreibenden Tätigkeiten zeigen solch komplizierte Konstruktionen erfahrungsgemäß sehr schnell Auflösungstendenzen.

– Sagen Sie bei einem erotischen Beisammensein keinesfalls Dinge wie: „Wenn der Spruch ‚Wie die Nase des Mannes, so sein ...‘ stimmt, dann müsstest du eigentlich ’ne Stupsnase haben.“
Nur wenige Männer finden in diesem Zusammenhang Stupsnasen süß.

– Tragen Sie keine engen, kneifenden Lederhosen. „Alt-68er“ sind out! Dieses Outfit wirkt nur in bestimmten Kreisen und ausschließlich in Kombination mit Vollbart, Lederjacke und einer Harley vor der Tür.

– Unterlassen Sie Sätze wie: „Das haben wir früher ganz anders gemacht.“ Solche Aussagen lassen Sie um Jahrzehnte altern.

– Denken Sie immer daran: Auch wenn sie es nicht zugeben –
  Männer sind eitel! Vermeiden Sie daher Aussagen wie: „Nein,
  du hast keinen Bauch. Du bist einfach zu klein für dein
  Gewicht!"

– Vermeiden Sie es, mit Ihrer jugendlichen Geliebten in eine
  Disco zu gehen. Sie bringen sie damit nur in peinliche
  Situationen, wenn Gleichaltrige fragen: „Na, in deinem Alter
  noch mit Papi unterwegs?"

– Erwähnen Sie auf keinen Fall, dass Sie sich regelmäßig
  ‚Die Hitparade der Volksmusik' anschauen und sogar einige
  Lieder auswendig können. Das beeindruckt bestenfalls die
  Mitglieder des Seniorenclubs Ihrer Mutter.

– Vermeiden Sie Ihrer Angebeteten gegenüber Sätze wie:
  „Du bist doch emanzipiert! Übernimm du heute mal die
  Rechnung!" Ein solches Verhalten wird unverständlicher-
  weise gerne als Geiz ausgelegt.

– Sprechen Sie auf keinen Fall abwertend über sein Auto.
  Es könnte verheerende Auswirkungen auf Ihr Sexualleben

haben. Bei den meisten Männern stehen nämlich PS und Potenz in engem Zusammenhang.

– Sagen Sie bei Einladungen keinesfalls: „Schmeckt ja wie bei Muttern!" Sie outen sich dadurch als Muttersöhnchen und das gibt einer sich gerade entwickelnden sexuellen Beziehung unter Umständen einen grundsätzlich anderen Charakter.

– Vorsicht mit Komplimenten! Durch Aussagen wie: „Dieses neue Make-up macht dich doch gleich um Jahre jünger!", fühlt sich Ihr Gegenüber nicht unbedingt geschmeichelt.

Szenen einer langjährigen Ehe

Um wieder neuen Schwung in ihr Liebesleben zu bringen, beschließt Elfriede, sich mit Ernst einen besonderen Abend zu machen. Ein raffiniertes Essen, ein schön gedeckter Tisch, Kerzenschein und indirekte Beleuchtung – das schmeichelt und weckt vielleicht den Appetit auf mehr. Sie macht sich zurecht und nutzt alle Hilfsmittel der Kosmetikindustrie.

Hier steht: Spontaner Sex bringt neuen Schwung in ihre Ehe!
Sex IM ALTER
Das sollten wir gleich morgen oder über-morgen, spätestens am Wochenende mal ausprobieren!
A.I. 99

In einem sündhaft teuren, raffiniert geschnittenen Kleid öffnet sie Ernst verführerisch lächelnd die Tür.

Ernst ist völlig verwirrt und fragt erschrocken: „Ist irgendwas Besonderes? Hab ich unseren Hochzeitstag vergessen? Tut mir Leid, Schatz, ich ..."

Elfriede beruhigt ihn. „Nein, nein. Ich dachte nur, wir machen uns heute mal einen schönen Abend. Einfach nur so. Ohne besonderen Grund."

„Ach so!" Ernst entspannt sich sichtlich. „Essen schon fertig?"

Kein Wort über ihr Aussehen, ihr Kleid oder über das angenehme Ambiente. Um den Abend nicht gleich zu verderben, schluckt Elfriede ihren Ärger runter und folgt ihrem Mann an den Tisch.

Schweigend beginnen sie zu essen. Beim Hauptgericht kann sich Elfriede nicht mehr verkneifen zu fragen: „Schmeckt's dir denn, Schatz?"

Mit Bärenhunger schaufelt Ernst das fein zubereitete Essen in sich hinein. „Ja. Ist wirklich sehr lecker. – Gib mir doch bitte mal den Pfeffer! – Meine Mutter macht ja immer noch 'n bisschen frische Ananas dran. Das gibt dem Ganzen 'ne exotische Note."

Verärgert reicht sie ihm den Pfeffer: „Wie? Also schmeckt's dir doch nicht?"

Ernst ist völlig überrascht. „Das hab ich nicht gesagt."

„Du hast gesagt, dass deine Mutter es anders macht. Dir schmeckt also mein Essen nicht." In Elfriede kocht es, aber Ernst merkt nichts von dem drohenden Unheil.

„Das ist nicht wahr, Elfriede", sagt er friedfertig. „Bei dir schmeckt's mir immer."

„Aber heute offensichtlich nicht", gibt Elfriede zurück.

Ernst blickt von seinem Teller auf. „Stimmt doch überhaupt nicht. Es schmeckt. Wie immer."

„Mein Essen schmeckt also immer gleich. Warum sagst du denn nicht, dass meine Küche dich langweilt? Ich bin eben nicht der Typ für ausgefallene Experimente. Früher hast du das besonders geschätzt. Und jetzt bin ich dir auf einmal nicht exotisch genug." Elfriede ist den Tränen nahe.

Ernst unterbricht sein Geschaufel. „Ich meinte damit doch nur die Ananas."

„Ach", giftet Elfriede, „alles, was dir in unserer Ehe fehlt, ist also 'n Stückchen Ananas?!"

„Nein, nein. Mir fehlt nichts bei dir", versucht Ernst sie zu beruhigen. „Ich bin wirklich völlig zufrieden, Elfriede."

„Zufrieden?" Ein empörter Aufschrei von Elfriede. „Du bist mit mir zufrieden? Verteilst du jetzt schon Noten? Und ich bin für dich also Mittelmaß? Vielen Dank!"

„Das würde ich nie sagen." Ernst ist irritiert.

„Sagen nicht, aber denken."

„Aber nein, Elfriede. Ich habe es auch nicht gedacht." Völlig konsterniert weiß Ernst nicht, was er noch sagen soll.

„Ich weiß genau, was du denkst! Ich bin Mittelmaß und die Exotik holst du dir woanders!" Elfriedes Stimme überschlägt sich.

„Nein, ich find dich auch ganz toll, Liebling." Laut kauend nimmt er sich noch eine zweite Portion.

„Ach! Und wen sonst noch?"

Die Gabel in der Luft, hält Ernst inne. „Um Himmels willen, niemanden. Wieso? Wie kommst du denn darauf?"

„Na, du hast ‚auch' gesagt", hakt Elfriede nach.

„So war das nicht gemeint." Er isst seelenruhig weiter.

„Dann sag doch endlich mal, was du meinst. – Nie sagst du, was du meinst."

„Was willst du denn hören?" Noch einmal versucht er, den drohenden Ehekrach abzuwenden.

„Ich will wissen, was du wirklich denkst."

„Ich hab mir gar nichts dabei gedacht", antwortet Ernst aufrichtig.

„Das ist wieder mal typisch. Du redest ohne nachzudenken. Wie ich mich dabei fühle, interessiert dich ja nicht."

„Natürlich interessier ich mich für deine Gefühle. Aber es ging doch nur ums Kochen." Elfriede faucht: „Meine Mutter hatte Recht. Männer in 'nem gewissen Alter denken wirklich nur noch ans Essen."

Verärgert steht sie auf, knallt die Tür zu und verlässt die Wohnung. Nach einigen Minuten strammen Fußmarsches ist die schlimmste Wut verraucht, und Elfriede beschließt, sich den Abend nicht länger von ihrem borniertem Ehemann verderben zu lassen. Schließlich ist sie mit ihren 53 immer noch eine attraktive Frau. Sie nimmt ein Taxi und fährt in eine Bar in der Innenstadt.

Barbekanntschaften

Schwungvoll betritt Elfriede das Lokal. Diese schummrige Bar ist genau das, was sie gesucht hat. Sie setzt sich an den Tresen und bestellt erst mal einen Drink. Als sie sich umsieht,

bemerkt sie, dass sie fast die einzige Frau ist. Nach wenigen Minuten nähert sich ein leicht beschwipster Mann, etwa in ihrem Alter, setzt sich neben sie und fragt jovial: „Hallo, schöne Frau, so alleine hier?"

Genervt wendet sich Elfriede ab. Sie ist schließlich nicht hier, um sich blöde Sprüche anzuhören. Außerdem erinnert sie der Kerl mit Halbglatze und Schmerbauch fatal an ihren Mann. Und den wollte sie ja gerade vergessen!

Der andere gibt einfach keine Ruhe. „Ich bin mir ganz sicher, dass wir uns von irgendwoher kennen. Ein Gesicht wie das Ihre bleibt einem in Erinnerung." Er rückt immer näher und haucht ihr seine Alkoholfahne ins Gesicht.

„Ich wüsste nicht …" Elfriede lässt ihn spüren, dass sie an seinen plumpen Vertraulichkeiten kein Interesse hat.

Elfriedes Verehrer gibt nicht auf. Er berührt ihre Schulter und flüstert ihr leicht lallend ins Ohr: „Seien Sie doch nicht so ungesellig! Kommen Sie, ich spendier Ihnen auch 'nen Drink. Was möchten Sie? – Wodka Lemon?" Verzweifelt versucht er, die Aufmerksamkeit des Barkeepers zu erringen.

In diesem Moment naht Elfriedes Rettung in Gestalt eines jungen Mannes, der sich mit den Worten: „Darf ich?", neben sie setzt und ihr ein charmantes Lächeln schenkt. Er ist

Anfang zwanzig, braun gebrannt, gut aussehend und offensichtlich durchtrainiert.

Er ist Elfriede auf Anhieb sympathisch und sie wirft ihm einen hilfesuchenden Blick zu. Der junge Mann erfasst die Situation sofort und reagiert prompt. „Entschuldigung, mein Herr. Würden Sie bitte meine Begleiterin nicht länger belästigen."

„Ach so! Ja, dann. Das is' ja was ganz anderes ..." Leise grummelnd schwankt Elfriedes Verehrer von dannen.

„Na, das hat ja prima funktioniert." Der junge Mann strahlt Elfriede zufrieden an. „Darf ich mich vorstellen, ich heiße Harry."

„Hallo, ich bin Elfriede." Dankbar schaut sie sich ihren freundlichen Retter näher an. „Er sieht wirklich ausgesprochen gut aus", denkt sie. „Aber er ist ja noch unglaublich jung. Bestenfalls zwanzig."

„Ich darf dich doch auf einen Drink einladen?!" Harry beginnt, heftig mit Elfriede zu flirten. „Ich hoffe, du findest es nicht zu aufdringlich, wenn ich dir sage, dass du wahnsinnig attraktiv bist."

Elfriede lächelt geschmeichelt und macht eine abwehrende Handbewegung.

„Doch, wirklich! Man trifft selten eine Frau mit so viel Eleganz und Klasse, das kannst du mir glauben." Harry überschüttet sie mit Aufmerksamkeit und Komplimenten.

Elfriede ist begeistert. Ein angenehmer Kontrast zu Ernstens ewigem Desinteresse und seiner rüpelhaften Art. Sie findet den jungen Mann einfach süß. „Was hat Roswitha noch über junge Männer gesagt? Kreativ, neugierig ...", überlegt Elfriede im Stillen. „Vielleicht sollte ich es drauf ankommen lassen und einfach mal einen Versuch wagen?"

„Ich würde dir ja jetzt wahnsinnig gerne meine Briefmarkensammlung zeigen", witzelt Harry in dem Moment. „Aber ich glaube, es ist einfacher, wenn ich dich direkt frage, ob du nicht noch mit zu mir kommen möchtest? Ich würde gerne die Nacht mit dir verbringen."

„Aber ja! Sicher!" Kaum hat sie es ausgesprochen, wird es Elfriede ein bisschen mulmig. Vielleicht war das doch keine so gute Idee. Schließlich ist sie bestimmt 30 Jahre älter als er. Ob er sie wohl auch noch am nächsten Morgen attraktiv finden wird? Aber sie ist wild entschlossen, diese Nacht in vollen Zügen zu genießen. Sie schiebt alle Bedenken beiseite und geht mit Harry nach Hause.

Bei den meisten Männern steigt die Potenz im Alter.

Frauen werden immer wertvoller!

In seinem Appartment angekommen, mixt Harry ihnen erst mal zwei Drinks. „Na, gefällt's dir bei mir?", fragt er.

„Ja, schon. Du bist ja sehr elegant eingerichtet." Elfriede ist etwas überrascht. Das hat sie bei einem so jungen Mann nicht erwartet. Sie sieht sich neugierig um.

„Hat mein Innenarchitekt gestylt", antwortet Harry stolz. „Weißt du, bei meinem stressigen Job komm ich nicht zu solchen Dingen! Und wenn man's sich leisten kann ..."

„Ach ja?", ist alles, was Elfriede leicht irritiert sagen kann.

„Aber sicher!", meint Harry protzig. Er mixt sich noch einen Drink. „Ich bin Junior-Manager in meiner Firma! Da kommt schon was rüber! Das schafft auch nicht jeder in meinem Alter!"

Er genehmigt sich einen weiteren Drink. „Möchtest du auch noch einen?" Diesmal fragt er wenigstens. Als Elfriede dankend ablehnt, prahlt er weiter von seinem tollen Job und seiner steilen Karriere.

Elfriede beginnt sich zu langweilen. „Wie schaff ich es nur, mich unauffällig zu verdrücken?", überlegt sie. „Der Kerl ist ja wie umgewandelt. Ein richtiger Schwätzer!"

Nach einem weiteren Drink und mitten in ihre Überlegungen hinein, will Harry dann doch plötzlich endlich zur Sache kommen. Aber nach einem kurzen, heftigen Vorspiel wird schnell klar, dass er heute anscheinend nicht in Form ist. So sehr sich beide auch anstrengen, es regt sich einfach nichts.

„Tut mir Leid, Elfi." Harry ist völlig zerknirscht. „Ich hab wohl einfach zu viel getrunken. So was ist mir wirklich noch nie passiert."

„Den Stress hätt ich auch zu Hause bei Ernst haben können", denkt Elfriede resigniert. Aber Dank ihrer eifrigen Bemühungen scheint schließlich doch noch etwas aus der Liebesnacht zu werden. Erfreut schöpft sie wieder Hoffnung, und kaum ist Harry in Fahrt gekommen, liegt er auch schon auf ihr. Innerhalb weniger Minuten ist die ganze Angelegenheit vorbei. „Das sind also die kreativen jungen Männer", denkt Elfriede enttäuscht und doch irgendwie belustigt. „Dagegen ist ja mein Ernst noch ein Ausbund an Einfallsreichtum und Einfühlsamkeit!"

Voll des Stolzes über sein vollbrachtes Werk will Harry wissen: „Na, war ich gut?" „Fehlt nur noch, dass du wie beim Wettrennen rufst: Erster!", zischt Elfriede ihm wütend zu. Doch sie bekommt keine Antwort mehr. Der jugendliche Liebhaber hat sich inzwischen auf die andere Seite gerollt und beginnt auch schon laut zu schnarchen. Das ist einfach zu viel.

Verärgert steigt Elfriede aus dem Bett, sucht ihre Sachen zusammen und verlässt klammheimlich die fremde Wohnung.

„Da wäre ich ja mit 'ner Dose Ravioli zu Hause vor dem Fernseher eher auf meine Kosten gekommen. Das hätte besser geschmeckt und ich wär wenigstens richtig satt geworden", denkt Elfriede – schon wieder fast ganz die Alte – und muss über ihre eigenen Gedanken schmunzeln. „Anscheinend sind Männer, was Sex betrifft, irgendwie alle die gleichen Ignoranten."

Sie steigt ins nächste Taxi und fährt nach Hause.

Fitness ist alles!

Um wieder Schwung in sein Liebesleben zu bringen, beschließt Ernst aktiv zu werden. Eine jüngere Geliebte, so denkt er, ist die Lösung all seiner Probleme.

Ein kritischer Blick in den Spiegel zeigt ihm, dass er noch an sich arbeiten muss. Heutzutage zählen schließlich Fitness und jugendliches Aussehen, wenn man beim anderen Geschlecht landen will. „Nur ein Profi", denkt er, „kann da noch helfen."

„Guten Tag, ich bin Beate. Kommen Sie mit, ich zeige Ihnen unsere Geräte." Die junge Dame vom Fitness-Studio gefällt Ernst sofort. Sie führt ihn zu den Geräten und erklärt ihm, worauf es ankommt.

Eine Viertelstunde später legt Ernst mit hochrotem Kopf und völlig außer Atem die Hanteln beiseite. Auf die Schnelle wird er so nicht weiterkommen. Er beschließt, die ganze Sache anders anzugehen. Mit seiner Erfahrung hat er einer Frau schließlich Besseres zu bieten als einen gestählten Körper. Einer Frau wie Beate zum Beispiel.

Ernst begibt sich auf ein Mineralwasser an die Bar des Studios. Er plaudert einige Zeit weltmännisch mit Beate, bevor er sich endlich traut, sie zu fragen: „Darf ich Sie heute Abend zum Essen einladen?" Beate zögert kurz. „Eigentlich gehe ich ja nicht mit unseren Gästen aus, aber ... Sie sind ja noch kein Mitglied. Warum nicht! Ich bin hier um acht Uhr fertig. Holen Sie mich doch einfach ab."

Beschwingt macht sich Ernst auf den Heimweg. „Mit meiner alten Karre werd ich sie wohl kaum beeindrucken", überlegt er. „Am besten leih ich mir 'nen tollen Schlitten. Es gibt da doch diese günstigen Wochenendtarife. Aber was erzähl ich bloß Elfriede? Na, mir wird schon irgendwas einfallen."

Zu Hause angekommen, macht sich Ernst sofort an die Vorbereitungen für den Abend. Rasieren, umziehen. Jetzt muss er nur noch schnell Elfriede Bescheid sagen.

„Du, ich treff mich heute Abend noch mit Ludwig. Ich glaub, der hat wieder mal Probleme mit seiner Frau. Warte nicht auf mich. Es wird wahrscheinlich ziemlich spät."

„Hm-hm. In Ordnung. Sei leise, wenn ich schon schlafe." Elfriede wirkt irgendwie geistesabwesend und scheint sich nicht weiter für ihn zu interessieren. Erleichtert zieht Ernst los, um ein adäquates Auto zu mieten.

Der Autohändler drückt ihm die Schlüssel in die Hand. „Eine gute Wahl. Der Mercedes SL Cabrio ist wie für Sie geschaffen. Aber an Ihrer Stelle würde ich das Verdeck bei dem Wetter lieber zulassen. In Ihrem Alter wird aus 'ner kleinen Erkältung schnell 'ne Lungenentzündung. Also dann, viel Spaß und bis Montag!" Er zwinkert Ernst anzüglich zu.

Leicht beleidigt fährt Ernst los, um Beate abzuholen, die schon auf ihn wartet. „Ich hab mir gedacht, wir essen im ‚Chez Roger'. Die haben da eine wirklich exquisite französische Küche." Ernst ist sicher, das wird sie zutiefst beeindrucken. Schließlich geht man ja nicht jeden Tag in ein so elegantes, teures Restaurant.

„Und die Weine sind ausgezeichnet", unterbricht ihn Beate. „Prima Idee. Da geh ich immer wieder gerne hin."

Überrascht sieht Ernst sie an. Es würde wohl doch nicht so leicht werden, Beate zu beeindrucken.

Während des Essens überlegt Ernst, wie er Beate dazu bringen kann, ihn mit zu sich nach Hause zu nehmen. Oder soll er ihr vielleicht ein Hotel vorschlagen? Nein, das wäre zu direkt.

Als der Ober ihm die Rechnung bringt, folgt der nächste Schock. „Das zahl aber ich." Ohne weiter zu diskutieren, nimmt Beate einfach die Rechnung an sich und begleicht sie mit ihrer Kreditkarte. „Du hattest heute wirklich schon genug Ausgaben. Die Miete für das Auto ist doch bestimmt ziemlich teuer."

Damit hat Ernst nicht gerechnet. Er ist durchschaut! Dabei dachte er, er hätte den Mann von Welt perfekt gespielt. Er sieht seine Träume schon zerplatzen. Doch als sie das Lokal verlassen, fragt Beate: „Du kommst schon noch mit zu mir, oder?"

Begeistert stimmt Ernst zu. Darauf hat er schon nicht mehr zu hoffen gewagt.

Kaum haben die beiden ihre Wohnung betreten, beginnt Beate, ihn leidenschaftlich zu küssen. Sie zieht ihn auf die Couch im Wohnzimmer und fängt sofort an, sich auszuziehen.

„Eigentlich wollte ich es ein bisschen langsamer angehen",

protestiert Ernst schwach. Aber Beate ist bereits dabei, auch ihn von seinen Kleidern zu befreien. „Hoffentlich halte ich das durch", denkt Ernst. „Wenn sie so weitermacht, krieg ich am Ende noch 'nen Herzinfarkt. Ich bin ja schließlich nicht mehr der Jüngste." Vor seinem inneren Auge sieht sich er sich schon mit dem Notarztwagen ins Krankenhaus fahren. „Die legt ja wirklich ein Tempo vor." Die ganze Sache wird Ernst einfach zu viel. Er überlegt, wie er sich jetzt noch möglichst schnell aus der Affäre ziehen kann, ohne sich vollständig zu blamieren.

In diesem Moment wird die Wohnungstür aufgeschlossen und eine männliche Stimme ruft: „Hallo, Schatz, ich bin's!"

„Verdammter Mist! Was macht der denn hier?" Beate sucht hektisch ihre Kleider zusammen. „Los, beeil dich! Zieh dich rasch an. Mein Freund kennt da keinen Spaß." Während sie die Couch wieder in Ordnung bringt, findet Ernst gerade noch rechtzeitig seine Schuhe. Da steht auch schon der Freund im Wohnzimmer. Er ist offensichtlich ein Bodybuilder und Ernst erkennt in ihm den Chef des Fitness-Studios wieder.

„Hallo, Liebling! Schon zu Hause? Ich dachte, du kommst erst morgen Abend wieder." Beate versucht betont locker, die peinliche Situation zu überspielen.

„Die Veranstaltung ist ausgefallen. Wer ist der Kerl?", fragt Beates Freund misstrauisch. Er wirkt ziemlich aggressiv und Ernst sieht sich erneut im Krankenhaus.

„Ein alter Freund meines Vaters. Er kommt von außerhalb. Und weil meine Eltern nicht zu Hause waren, hat er gedacht, er schaut einfach mal ganz spontan bei mir vorbei." Zum Glück scheint Beate eine gewisse Übung mit solchen Ausreden zu haben.

„Ich wollte sowieso gerade gehen. Hat mich gefreut, Ihre Bekanntschaft zu machen." Ernst hat nur eine Sorge: So schnell wie möglich raus aus der Wohnung, bevor dem Bodybuilder einfällt, dass sie sich heute Nachmittag im Studio schon mal begegnet sind. „War nett, dich mal wiederzusehen, Beate. Grüß deine Eltern!" Unauffällig angelt er sich noch seine Krawatte hinter einem Kissen hervor und verlässt eilig die Wohnung.

„Für solche Eskapaden bin ich einfach zu alt", seufzt Ernst vor sich hin, als er endlich sicher im Auto sitzt. „Da verbring ich meine Abende doch lieber mit Elfriede vor dem Fernseher."

Früher als erwartet stellt Ernst das Auto auf dem Parkplatz der Autovermietung ab. Dann macht er sich – ausgesprochen erleichtert – auf den Heimweg. So sehr hat er sich schon lange nicht mehr auf Elfriede gefreut.

Stellungen, bei denen sich einer der Partner unbeobachtet fühlt, sollten vermieden werden.